働く女性のための
ヘルス・サポートブック

監修　麻布　　　　
　　　名誉院長　渡邉賀子

働く女性が増え、その活躍が期待されています。
一方、女性は仕事と家庭を両立しようと頑張るあまり
心身の疲れをためている方も少なくありません。
また、女性ならではの健康上のリスクや、心とからだの不調もあり
日ごろから健康に気を配ることが大切です。
そこで、働くすべての女性がいきいきと働き、輝いた生活が送れるよう
日常のセルフケアのポイントをご紹介します！

中央労働災害防止協会

女性のからだについて知ろう

1 ライフサイクルによる体調の変化

　女性のからだは、妊娠・出産といった大きな変化だけでなく、思春期や更年期といったライフステージごとに変化していきます。これには、月経周期と同様に、女性ホルモンが大きく関わっています。

　思春期に急激に増加した女性ホルモンは、20代から30代前半で最も安定し、妊娠・出産に適した成熟期を迎えます。仕事面でも経験をつんで、充実してくる時期です。
　30代後半から卵巣の働きが低下し、40代後半になると女性ホルモン（エストロゲン）の分泌量が急激に減少し、50歳ごろ閉経を迎えます。閉経の前後、10年間を「更年期」といい、個人差はありますが、のぼせやほてり、気持ちが不安定になるなど、さまざまな症状があらわれやすくなります。
　この年代は、管理職となって活躍する女性や親の介護を担う女性も多く、仕事や家庭の負担と更年期の症状が重なると、つらい時期となります。

　女性ホルモンは、月経や妊娠・出産に関わることだけでなく、血管や骨を若々しく保ったり、精神を安定させたりする働きがあります。
　不規則な生活や過度なダイエットで女性ホルモンのバランスが崩れると、さまざまな心身の不調となってあらわれます。

　女性は特に、食事や運動などに気をくばり、ストレスをためないよう休養をとって規則正しい生活を習慣づけることが必要です。

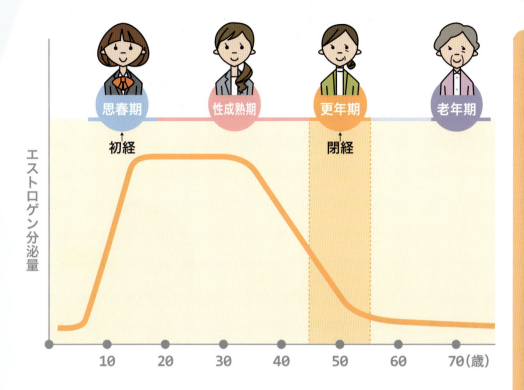

2　月経周期による体調の変化

月経困難症

　月経時は、腹痛・腰痛・頭痛・下痢など、多くの女性が不調を感じやすく、このうち日常生活に支障をきたすものを月経困難症といいます。下腹部痛は、腰やお腹を温め、鎮痛剤を服用するなどの工夫をしましょう。痛みがひどかったり、経血量が多い場合は、婦人科疾患の可能性も考えられます。早目に婦人科を受診しましょう。

月経前症候群

　月経前の3〜10日の間に、イライラ・気分の落ち込み・乳房の張り・むくみなど、心身の不調がみられ、これを月経前症候群とよびます。人によって症状や程度が異なり、精神的ストレス等にも影響を受けます。基礎体温を計って月経周期やからだの変化を知り、からだを温めたり、ストレッチをするなど、自分にあった対処法を身につけましょう。

3 女性特有の病気

　女性特有の病気は、つらい痛みを伴うものもあれば、まったく自覚症状がないものもあります。病気のことをあらかじめよく知っておき、早めに気づいて治療につなげられるよう、定期検診を受けましょう。

子宮と卵巣の病気

　子宮筋腫は、子宮にできる良性の腫瘍で、月経時の出血や痛みが増大する場合があります。子宮内膜症は、子宮の内側以外に子宮内膜が増殖し、月経痛や性交痛、腰痛などの痛みをもたらします。

　子宮頸がん、子宮体がん、卵巣がんは自覚症状がないことも多く、早期発見のための定期検診が大切です。

乳がん

　乳がんは、日本人女性が一番かかりやすいがんですが、早めに気づき治療につなげれば、比較的治りやすいがんです。月に一度、乳房のしこりや、皮膚の変化などがないか、セルフチェックを習慣にしましょう。

　30代から急に増えるがんですが、年代により有効な検査法が異なるため、医師に相談して定期検診を受けましょう。

骨粗しょう症

　女性ホルモンが骨を丈夫にする働きをしているため、閉経後は急に骨が弱くなります。また、若いころからやせすぎや急激な体重減少に伴う無月経などがあると、骨粗しょう症につながりやすくなります。

　定期的に骨量測定をし、カルシウムを積極的に摂取しましょう。日ごろからからだを動かして骨に刺激を与え、骨を丈夫にしましょう。

4 働く女性とストレス

ストレスの原因

多くの女性が、「職場の人間関係がストレスである」と答えています。これは、一般的に周りの人々の気持ちや変化に気づき、気配りができる女性の長所の裏返しとも言えます。

また、女性は仕事に加えて、家事や育児、介護など生活上の負担も大きい傾向にあります。

ストレスのあらわれ方

頭痛や肩こりなどのからだの不調や、イライラ、憂うつ感など、感情の変化があらわれます。女性ホルモンのアンバランスが、月経不順や無月経、不妊につながることもあり、からだと心の全体に影響を及ぼします。

対処の仕方

周囲の期待にこたえようと、なんでも完璧にこなそうとすると、無理を重ねることになってしまいがち。疲れがたまっているなと感じたら、時には、上手に仕事を断る勇気も必要です。家事も、分担してもらうとよいでしょう。

家族や友人に話を聞いてもらったり、趣味の時間をもつなど、手軽なリフレッシュ方法をみつけましょう。

タバコ、アルコールや食べ物などで、ストレスを解消するのはやめましょう。依存症のリスクを高め、健康を損なうことにつながります。

② 健康に働き続けるためのセルフケア

　心身の不調を予防するには、からだが冷えないように温めて、血めぐりをよくすることが大切です。男性と女性とでは、代謝や体感温度が異なります。夏場の冷房の中など、季節や場所により、思いがけずからだが冷えてしまわないようにしましょう。

1　腰・足もとを冷やさない

　素足はなるべく避けて、下半身を温かく保ちましょう。上半身は重ね着し、脱ぎ着をこまめにして温度調節をします。職場にひざ掛けをおいておき、腰から下に掛ける習慣を。

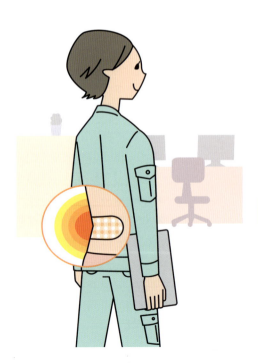

月経痛や慢性の腰痛は"温めよう！"

　月経痛や、慢性の腰痛は、多くの場合、お腹や腰を温めると楽になります。
　寒い時季や冷房の中では、じんわりと温められ、肌に直接貼るタイプで蒸気の出る温熱シートがおすすめです。

2　こまめに動いて血めぐりよく

　パソコン操作やラインの組立・検査作業など、同じ姿勢で細かな仕事をしている女性も多いことでしょう。
　座りっぱなしにならないよう、こまめにからだを動かし、血めぐりをよくしましょう。手足が冷えるなと感じたら、手軽なストレッチも効果的です。

足先の冷えを感じたら

　座ったまま足をストレッチ。靴を脱ぎ、ひざを伸ばしたまま足首の曲げ伸ばしをしたり、足首を回す。

手がかじかんだら

　爪の周囲や、指、手のひらを反対側の手でマッサージ。手のひらを反対側にそらしたり、手首を回す。

肩がこったら

　肩を回し、肩、首をもみほぐす。
　気持ちいい程度に首筋を伸ばし、首をゆっくり回す。

3　栄養をきちんととろう

　私たちのからだは、食べたものからできています。過度なダイエットは禁物です。栄養不足は、心の不安定にもつながります。
　3食きちんと食べ、タンパク質、炭水化物、脂質、ビタミン、ミネラルをバランスよくとりましょう。

> **女性におすすめの食品**

大豆製品、小魚、緑黄色野菜、乳製品
根菜類、きのこ類、海藻など

4　休養をしっかりとって疲労回復

> **入浴で身も心もリラックス**

　シャワーで済ませず、ゆっくりと湯船につかります。ぬるめのお風呂に入ってリラックスすると、血液やリンパの流れが良くなり、新陳代謝が促進されます。また、水の浮力や圧力により、腰痛やむくみの軽減も期待できます。

38〜40度くらいの
ぬるめのお湯に
10〜20分
ゆっくりとつかる

炭酸入浴剤で効果アップ

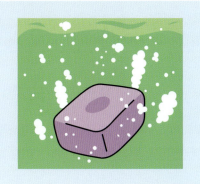

つらい冷えや肩のこり・腰痛の緩和には、炭酸入浴剤がおすすめです。炭酸ガスは、血管を広げて血流量を増加させ、血めぐりがよくなります。より温かさが長続きする炭酸入浴剤もあります。

質のよい睡眠を

「最近寝ても疲れが取れない」「夜中に目が覚めてしまう」「朝、すっきり目が覚めない」といった方は、睡眠の質が低下しているのかもしれません。しっかりと朝日を浴びてストレッチをするなど、生活リズムを整えて質のよい睡眠をとりましょう。また、仕事や家事を優先して、睡眠時間が少なすぎると、十分な疲労回復ができず、お肌のためにもよくありません。

寝る前には、目もとや首もとを温めよう！

目もとや首もとを温めることで、自律神経のスイッチを、戦闘モードの交感神経から、リラックスモードの副交感神経に切り替えることができ、深い眠りに入りやすくなります。

エクササイズで健康力アップ！

※痛みがある場合は無理をしてやらないようにしましょう。

★冷えとこりを解消

首、肩、腰は、血流が滞り、筋肉がこり固まりやすい場所です。エクササイズで筋肉を動かし、血めぐりをよくして冷えとこりを解消しましょう。

肩、背中周り

タオルを首の後ろで伸ばして持つ。胸をはり、腕を上げ下げする。

おなかと腰

両膝を直角に曲げて仰向けになり、手は頭の後ろで組む。おへそをのぞくようにゆっくり上体を起こし、ゆっくりと戻すを繰り返す。

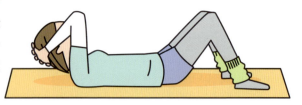

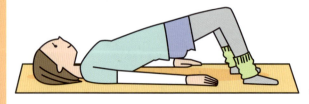

膝を曲げて仰向けになり、ゆっくりと腰の上げ下げを行う。腰を反らせすぎないようにする。

コラム　女性は転びやすい？

　転倒による労働災害（休業4日以上）のうち、50代以上の女性が約50％という統計データがあり、さらにそのうち骨折した方は7割を超えています。

　これは、加齢による骨密度の低下や、筋力・バランス能力の低下などにより、わずかの段差などにつまずいたりして、骨折しやすくなっているためと考えられます。若い女性でも、ヒールの高い靴や、貧血によるめまいなどでバランスを崩したりしても、転倒の危険が高まります。

　若いうちから、スクワットや片脚立ちなど、日ごろからできる軽い運動を習慣にして、下半身の筋力とバランス能力を維持するよう心がけましょう。

★転倒予防

筋力アップ
　スクワット

　脚を肩幅程度に広げ、背筋を伸ばして立つ。椅子に座るようにゆっくり膝を曲げ、元の姿勢に伸ばす。

バランス能力アップ
　クロストレーニング

　片脚をクロスするように前に出し、元に戻す。次は逆の足をクロスして元に戻す。これをリズミカルに繰りかえす。

1年を通して、あなたの生活に "温活" を

「温活とは」…からだを冷やさず内外から温め、血めぐりをよくすることで、女性に多い不調を予防改善することです。

冬
寒さが強まる冬。
足もと、腰回りは、レギンスやタイツで保温。
外出時には、温熱シートで保温。
からだを温める食事を。

春
三寒四温といわれるほど寒暖差が激しい。

ストールや羽織るものなど小物で温度調節を。

秋
夏場の冷えがまねく不調「秋バテ」に注意。

涼しくなる時季、夏の服装のまま冷やしすぎないように。

夏
冷房で、室内と屋外の温度差が大きい夏。
羽織るものや膝かけでからだを冷やさない工夫を。
冷たい物で内臓を冷やしすぎないように。室内での水分は、常温や温かい飲み物で。

働く女性のための　ヘルス・サポートブック

平成28年5月25日　第1版第1刷　発行
監修者　渡邉　賀子
編　者　中央労働災害防止協会
発行者　阿部　研二
発行所　中央労働災害防止協会
　　　　〒108-0014　東京都港区芝5丁目35番1号
　　　　電話　販売　03(3452)6401　　編集　03(3452)6209
中災防ホームページ　http://www.jisha.or.jp

デザイン　　㈱ジェイヴィコミュニケーションズ
イラスト　　こさか　いずみ
印刷所　　　㈱日本制作センター

©JISHA 2016　21571-0101　定価(本体150円+税)
ISBN978-4-8059-1697-1　C3060　￥150E

 本書の内容は著作権法によって保護されています。
本書の全部または、一部を複写(コピー)、複製、転載すること(電子媒体への加工を含む)を禁じます。